L'Extension de la Juridiction

ET DE LA

NATIONALITÉ FRANÇAISES

EN TUNISIE

PAR **MARDOCHE SMAJA**

TUNIS

EXPRESS-IMPRIMERIE, 9, Rue Es-Sadikia

1905

L'Extension de la Juridiction

ET DE LA

NATIONALITÉ FRANÇAISES

EN TUNISIE

PAR **MARDOCHE SMAJA**

TUNIS

EXPRESS-IMPRIMERIE, 9, Rue Es-Sadikia

1905

CHAPITRE PREMIER

Dès 1890, l'honorable Monsieur d'Estournelles de Constant, ancien chef de cabinet de Massicault, aujourd'hui Sénateur, disait dans son ouvrage *La Politique Française en Tunisie* en parlant des Israélites Tunisiens : « Ils désirent acquérir la naturalisation en masse, on la leur a refusée, mais ils se groupent et il faut s'attendre à les voir revenir à la charge. »

L'auteur de ces lignes n'avait il pas pris le désir d'être soumis à la juridiction française pour celui de vouloir la naturalisation ? Ce n'est pas que les sentiments d'attachement à la France des Israélites étaient alors moins profonds qu'aujourd'hui, mais c'est qu'une pareille manifestation ne s'était jamais jusqu'ici produite, et il semble difficile qu'elle puisse se produire ; les Israélites Tunisiens n'ignorent pas que la naturalisation en masse est devenue en France impopulaire depuis la campagne menée contre le decrét Crémieux et la naturalisation des indigènes de Pondichery et de la Martinique. En réalité ce qu'ils demandent c'est la juridiction française pour la solution de leurs litiges, et une réforme équitable de la loi du 28 février 1899 sur la naturalisation en Tunisie.

Cette brochure n'est précisément que l'exposé de ces revendications dont nous avons saisi le Parlemement au moyen de deux pétitions. Nous voulons démontrer en outre que les Israélites tunisiens ne sont pas de nationalité tunisienne, mais des étrangers, et que par suite ils ne devraient pas être justiciables des tribunaux tunisiens, mais plutôt des tribunaux français qui seuls peuvent leur donner une justice impartiale et équitable.

Bien que la question de la naturalisation et celle de l'ex-

tension de la justice française soit différente, nous avons
jugé préférable de les traiter dans la même brochure en
raison des liens étroits qui les unissent et de la similitude
des arguments qui sont en faveur de l'une et de l'autre.

Jusqu'à ce jour la Colonie Israélite n'a pas pu avoir un
porte-parole, un représentant attitré pour exposer leurs
revendications. Les lois de 1881 et du 13 mars 1905 ne
leur permettent pas de se grouper pour défendre leurs
intérêts moraux et choisir un de leur pour les soutenir.
Il n'en est pas moins certain que tout le monde sait à merveille que nous marchons dans le cas qui nous occupe avec
l'assentiment unanime de nos coréligionnaires, et que nos
condoléances et nos veux sont leur écho fidèle, sincèrement rapporté.

Nous savons que d'autres personnes par leur situation,
ayant la voix plus autorisée peut-être, auraient dû nous de-
vancer dans cette initiative, mais leurs prudents et habiles
calculs, leur crainte de la tempête que pourrait soulever
chaque revendication, ne sont plus compatibles avec les vi-
goureuses idées pleines d'enthousiasme de notre jeune génération.

Déjà par le silence prolongé, l'idée s'était accréditée dans
certains milieux que les Israélites sont satisfaits de leur
état, puisqu'ils ne réclament rien. C'est méconnaitre totalement l'esprit de la population Isaélite ou n'avoir vu les
choses qu'à leur surface.

Il semble que le mot d'ordre ait été donné de classer
dans les rapports officiels les Israélites sous la rubrique
d'indigènes et de n'en parler jamais. Ce silence aurait pu
être interprété comme une neutralité bienveillante, si réel-
lement les lois ne plaçaient pas ces gens dans une situation inférieure à celle des autres habitants de la Régence.

Des partisans sincères de la justice et de l'égalité, des pu-
blicistes et des économistes distingués ont écrit sur plusieurs questions tunisiennes ; mais aucun d'eux n'a osé
toucher à la question Israélite, question brulante et épi-

neuse. C'est qu'à notre époque, dans ce pays po ir aborder ce problème, il faut déployer un grand courage et af-
fronter une campagne houleuse, peut-être personnelle, de la
part des ennemis des principes républicains. Quant à nous,
nous ne pouvons pas nous arrêter à ces considérations, et
nous ne devons pas nous effrayer outre mesure de ces op-
posants.

Pour se faire entendre il faut parler sans crainte. Rien
ne nous découragera rien ne nous intimidera, rien n'ébran-
lera notre irrévocable décision de lutter jusqu'au bout par
la plume, cette arme pacifique qui a toujours servi au
triomphe des causes justes.

Nous ne sommes poussés par aucun intérêt mesquin et
passager, mais par ces nobles principes de la Révolution
répandus même parmi les peuples des Gouvernements au-
tocrates ; et nous élevons la voix pour réclamer la justice
et l'égalité devant les droits civiques. « Nous ne voudrions
pas surtout léguer à nos descendants notre état juridique
et social. »

Malgré notre vif désir de nous limiter à la question, nous
ne pouvons la traiter amplement et lui donner tout le développement qu'elle comporte, sans toucher à bien d'autres
questions qui s'enchaînent naturellement,

Nous nous efforcerons d'user de modération dans nos
démonstrations. Sur le chapitre de la Justice indigène nos
critiques paraîtront peut-être excessives à ceux qui ne la
connaissent que médiocrement.

Qu'ils soit dès maintenant entendu que nos critiques ne
s'adressent nullement aux juges indigènes, et que nous ne
menons aucune campagne contre une partie quelconque de
la population. Mais que nous nous attaquons uniquement à
un régime créé et soutenu par des lois indignes de notre
époque.

Les revendications que nous agitons ont fait déjà du progrès dans l'opinion publique et ont acquis d'utiles appuis.
La partie la plus saine de la Colonie Française manifeste

ouvertement sa sympathie sur notre juste cause qui n'intéresse pas seulement les Israélites, mais aussi tous ceux qui aiment voir la France forte moralement et matériellement dans ce pays.

Ceux qui ont émis jusqu'ici un avis hésitant à ce sujet, se rangeraient certainement à notre opinion en examinant aujourd'hui la question de près sans être guidés et influencés par ceux qui sont intéressés au maintient du statuquo : Ils seraient alors d'accord avec nous sinon sur les points de détail tout au moins sur les principes.

Nous verrons avec plaisir les adversaires de nos revendications exposer leurs raisons, car c'est d'une discussion courtoise et loyale, dépourvue de ces arguments vieillis de race et de haine confessionnelle que sortira une solution en harmonie avec les idées modernes : Donc, l'impartialité la plus absolue doit présider ce délicat débat que nous soulevons devant la France arbitre de tous les opprimés. Il convient de ne pas laisser sortir la question de son vrai terrain et ne pas dévier la discussion.

Nous avons le ferme espoir que nos efforts seront couronnés de succès, et que nous trouverons de solides appuis qui nous seconderont.

Nous faisons appel à notre Ministre Résident Monsieur Pichon qui a déjà mené le bon combat aux côtés de Clémenceau, Ranc et autres bons républicains dans le journal *La justice*, pour lui demander justice. Nous comptons également sur l'honorable Sénateur Monsieur Vallé qui, lors de sa réception au Cercle Républicain de Tunis, a assuré les Tunisiens qu'ils trouveront en lui un avocat et un ami de plus, au Sénat.

Nous faisons appel tant aux partisans de l'annexion qu'aux partisans du protectorat, et surtout à la presse, qui nous le souhaitons vivement, ne faillira pas à son devoir sacré de défendre les justes causes. Nous nous adressons encore aux membres de la Conférence Consultative, qui tous dans leur profession de foi se sont déclarés imbus et animés des principes républicains.

C'est sur cette question de Justice et d'Egalité que la Démocratie reconnaitra les siens. Nous sommes pleinement assurés que nos doléances et nos vœux seront écoutés avec une sollicitude bienveillante par la Nation qui a toujours ouvert les bras à tous ceux qui sont venus sincèrement à elle.

Avant d'aborder le fond de la question nous devons exposer brièvement la aituation juridique et sociale de chaque élémement de la population de la Régence au moment de l'occupation pour le suivre ensuite dans son évolution.

CHAPITRE II

Au moment de l'occupation, il existait dans la Régence des Musulmans, des Européens et des Israélites. Les trois populations étaient séparées d'une muraille de Chine, par leurs religions, leurs races et leur état juridique et social,

Les Musulmans au nombre de 1800.C00 convaincus qu'ils avaient conquis le monde grâce à leur religion, ne parlent que de leur passé glorieux sans se préoccuper de leur avenir.

C'est pourquoi ils ont les yeux fermés à l'horizon qui s'ouvre devant eux. Ils sont murés dans une tradition implacable, fidèles aux lois du Coran, fermées irrémédiablement à la libre discussion, c'est ce qui explique qu'ils sont d'un fanatisme ortodoxe et fatalistes.

Ils sont demeurés à l'écart dans une hostilité réfractaire aux idées modernes et absolument rebelles à l'influence française. Ils font une opposition irréductible à toutes les mesures et tentatives d'assimilation.

Dans toute la Tunisie il n'y a que 3.000 élèves fréquentant les écoles franco-arabes ; et le chiffre le plus élevé qu'on ait pu constater à un moment donné a été de 3.600 alors qu'à Madagascar, conquise dix ans après la Tunisie, il y a 66.000 élèves fréquentant les écoles françaises. Quoique la situation budgétaire du pays n'ait pas permis l'ouverture d'autres écoles franco-arabes, celles qui existent ont été maintenues et par conséquent cette diminution des élèves provient de ce que les Arabes ne fréquentaient généralement ces écoles que dans l'espoir de trouver facilement un emploi après. Et comme avec une instruction élémentaire ils n'ont pu obtenir que des situations médiocres, ils ne voient pas l'avantage de s'instruire.

C'est donc une instruction pratique professionnelle, agricole qui leur convient pour qu'ils puissent améliorer leur sort et soutenir avantageusement la concurrence des ouvriers européens habiles et expérimentés dans leurs métiers respectifs.

Il ne faut guère songer à les approcher de la France, par l'école, mais surtout par la bonne justice, par une charge équitable en matière d'impôts, et par la création d'infirmeries et d'auspices indigènes,

Nombreux sont les Musulmans imbus d'idées modernes; avocats, médecins bacheliers qui font toutes sortes d'efforts pour vaincre cette opposition systématique, et arracher à leurs coreligionnaires ignorants ces sentiments de répugnance à la civilisation d'aujourd'hui. Mais ce qui est regrettable, c'est que ces gens qui font honneur à leurs coréligionnaires ne trouvent en raison de leur libéralisme que haine et mépris pour récompense.

En tenant compte même de leur nature paisible, il est incontestable que les Musulmans sont plutôt résignés que soumis et qu'il est à craindre qu'à la première circonstance l'espoir d'être délivrés de la domination française ne s'éveille et ne se fortifie chez eux. L'histoire de l'Algérie est le miroir de l'avenir, et cette leçon doit mettre toujours la

France sur ses gardes. La haine des infidèles étant enracinée dans leur cœur, tout ce qui peut flatter leur secret désir de délivrance est promptement accueilli par eux comme une vérité indiscutable. Aussi, toutes les fois qu'un conflit d'intérêts se produit entre la Turquie et une puissance quelconque, une sourde agitation se manifeste parmi eux. De pareils symptômes ont été constatés pendant la guerre Greco-Turque. C'est ce qui explique que malgré la voie de la naturalisation qui leur est ouverte par la loi du 28 février 1899, aucun d'eux n'en a profité. Suivant cette loi, le Musulman peut être naturalisé après l'accomplissement de 3 ans de service. Par suite, ceux d'entre eux qui auront fait déjà 2 ans de service dans l'armée beylicale n'ont qu'à s'y rengager pour une année. Il faut donc multiplier d'efforts pour arriver à un rapprochement de cette population de la colonie européenne.

CHAPITRE III.

Cette colonie se compose principalement de Français et d'Italiens.

Les Français qui étaient au moment de l'occupation 300 environ, bien qu'ils soient aujourd'hui 30 mille, soldats et fonctionnaires compris, sont tout de même dans une infériorité numérique caractérisique relativement aux autres populations de la Régence.

Des efforts et des sacrifices sont faits constamment pour déterminer un courant d'immigration française en Tunisie; mais les résultats obtenus jusqu'ici sont loin d'être satisfaisants.

Jusqu'ici ces émigrés avaient l'avantage de ne faire qu'une année de service dans les Colonies alors qu'en France la durée de service était de trois ans. Cette faveur vient d'être supprimée, puisque le service militaire est réduit en France à deux ans et les conscrits des colonies feront eux aussi deux ans, et cela dans la Métropole. Pour beaucoup de personnes cette réforme influera très sensiblement sur l'émigration des Français en Tunisie. De sorte que l'élément Français ne pourra pas prédominer numériquement dans ce pays sur les autres européens.

Le gouvernement pénétré de la nécessité d'établir tout au moins l'équilibre entre ces éléments Européens, s'évertue par des mesures légales à les absorber, à les fusionner dans la famille Française. Ainsi l'élément Français augmenterait d'année en année par l'accroissement de ces naturalisés, et alors, les Français maîtres politiques dû pays auront la prépondérance *aussi à d'autres points de vue.* L'ensemble des conditions politiques et sociales du pays se modifieraient d'elles-mêmes : Représentants d'une fraction plus importante de la population, les corps élus auront une voix plus autorisée encore.

Soucieux de cette situation le législateur moderne qui s'inspire des nécessités pour réformer les lois, a crû trouver la solution dans la loi du 28 février 1899 qui a ouvert la voie de la naturalisation aux Italiens.

CHAPITRE IV

Cette Colonie de 10.000 âmes environ était composée des gens fixés dans le pays depuis plusieurs générations.

Les 2.000 d'entre-eux appartenant à la religion israélite, étaient très actifs, dévoués aux questions sociales et vivaient en très bons rapports avec leurs compatriotes catholiques ; et par leur situation de banquiers, de négociants, d'avocats, de médecins, ils constituaient l'élite de la Colonie Ita-

lienne dont ils étaient les chefs, l'antisémitisme était entiè-
rement inconnu ici.

Aujourd'hui, ils continuent à occuper une place fort
importante et leur fortune s'est considérablement augmen-
tée, grâce à leur activité persévérante, à leur connaissance
parfaite du pays et à la plus value des terrains qu'ils possédaient.

Fiers du privilège d'être justiciables des Tribunaux consulaires même au point de vue de leur statut personnel,
et d'échapper ainsi à la juridiction musulmane, ils se
considéraient d'une essence supérieure à leurs coreligionnaires tunisiens justiciables des Tribunaux beylicaux. Leur
état social et juridique les éloignaient de ceux-ci, et bien
qu'ils eussent le même rite qu'eux, ils formaient avec les
autres Israélites européens, une société de bienfaisance
distincte, dite « Livournaise ». Disons que cette division est
aujourd'hui une anomalie et une source de discordes, qu'elle
n'a plus sa raison d'être, la fusion des Israélites dits « Li-
vournais » et tunisiens ayant été complète à la suite de la
prompte civilisation de ces derniers, et des mariages fré-
quents entre-eux. Mais le Gouvernement, au lieu de la fusion, veut maintenir toutes les institutions qui divisent les
habitants de pays, même d'une seule religion, même au
point de vue de bienfaisance.

Les Italiens contribuaient beaucoup au développement
et à la prospérité du pays, ils prenaient le rôle d'éducateurs
des Tunisiens, ils ont créé des écoles, et ont fait adopter par
les autres Européens et un peu par les Tunisiens, leur langue et leurs mœurs ; ils étaient les soldats pacifiques, l'a-
vant-garde de l'armée de l'occupation italienne qu'ils
escomptaient.

Déçus de leurs espérances par les événements de 1881
les Italiens sont devenus depuis d'irréductibles adversaires de l'influence française en Tunisie. Ils faisaient surtout sous l'ère crispienne une opposition systématique et
violente à la France, ce qui a donné lieu à des incidents

graves avec la Colonie Française. De nouveaux émigrés ont rajeuni les cadres de cette importante Colonie, et ont pris successivement la direction presque de toutes les institutions italiennes en Tunisie, sauf de la Chambre de Commerce qui a besoin d'être composée uniquement d'hommes d'affaires bien expérimentés ; à une politique nouvelle, il fallait des hommes nouveaux ; ceux qui se trouvaient dans le pays depuis plusieurs générations n'avaient pas assez de connaissances politiques pour soutenir cette lutte ardente contre l'influence française et pour maintenir et cultiver le sentiment de l'italianité dans la colonie.

Mais depuis le traité de 1896 leur hostilité s'est atténuée et leur attitude est devenue correcte. Leurs efforts se sont concentrés et orientés vers d'autres buts afin d'empêcher la dénationalisation de leurs compatriotes. Pour inaugurer cette politique nouvelle le Gouvernement de la Péninsule a dû changer le Consul d'ici.

Ils soutiennent avec ardeur les institutions et organisations crées par eux et subventionnées par leur gouvernement, et cela, afin de retarder de plusieurs générations la francisation de leurs nationaux. Et c'est précisément dans ce but qu'ils ont été dispensés du service militaire en Italie, et ici en vertu du traité, et qu'ils peuvent envoyer leurs enfants continuer gratuitement leurs études en Italie, lesquels enfants garderaient ainsi une reconnaissance justifiée envers la Mère Patrie.

Les dirigeants de la politique Italienne mènent une campagne ardente contre la création des syndicats ouvriers internationaux en Tunisie afin d'éviter le contact de leurs compatriotes avec les Français. Ils ne veulent pas voir les intérêts de tous les ouvriers s'identifier, et de perdre l'occasion de défendre les intérêts des ouvriers italiens ainsi que l'influence qu'ils exercent actuellement sur eux.

Les Italiens ont ici leur théâtre, leurs journaux, leur hôpital, leur hospice, leurs écoles, leurs banques, leurs

société de musiques, de gymnastique et des anciens
militaires.

Ils ne laissent passer aucune occasion sans marquer
avec fracas leur chauvinisme et leur attachement à la
mère-patrie. Ils célèbrent avec enthousiasme leurs fêtes
commémoratives et patriotiques, fêtes qui n'étant pas, à
juste titre, légales dans ce pays, ne permettent pas à la
classe des travailleurs d'y participer comme ils l'auraient
voulu.

Au contraire, au 14 juillet, ces mêmes travailleurs, obligés de chômer, prennent part à la fête comme les Arabes
et les autres Étrangers. D'ailleurs à cette fête du triomphe
des principes de la Révolution sur l'ancien régime, doivent prendre part tous ceux, sans distinction de nationalité,
qui sont imbus de ces principes.

Par le traité de 1896, l'Italie a pris l'engagement de ne
plus ouvrir de nouvelles écoles dans la Régence. Cela
n'a pas empêché que jusqu'ici il y a eu une progression
constante des élèves fréquentant les écoles italiennes
déjà existantes, qui est égale à celle des Italiens fréquentant les écoles françaises, actuellement le nombre des
élèves italiens dans les écoles italiennes dépasse
d'un millier celui des élèves italiens fréquentantant les
écoles françaises, comme cela ressort du tableau suivant :

Nombres des Élèves Italiens fréquentant :

	Ecoles Françaises		Ecoles Italiennes	
Années	Nomb. d'élèves	Progres. annuelle	Nomb. d'élèves	progres. annuelle
1891-2	1730		2655	
1892-3	1881	¥151	2801	149
1893-4	1987	103	2812	8
1894-5	2146	159	3237	425
1895-6	2331	188	—	—
1896-7	2657	323	3574	—
1897-8	2832	175	4367	793

Années	Nomb. d'élèves	Progrès annuelle	Nomb. d'élèves	Progrès. annuelle
1898-9	3058	226	4630	263
1899-1900	—	—	5256	626
1900-1	3526	—	5508	252
1901-2	4462	56	—	—
1902-3	5097	635	—	—
1903 4	5534	437	—	—
1904-5	5632	98	6500	—

Il a été constaté encore que la progression des élèves italiens dans les écoles françaises correspond à l'ouverture de nouvelles écoles dans des centres où l'école italienne faisait défaut. Cela tient à leur attachement à tout ce qui est italien. Aussi ils ne fréquentent l'école française que quand ils aspirent à obtenir des diplômes français indispensables pour l'exercice de certaines professions.

Mais d'autre part la plupart des jeunes Israélites italiens ne fréquentent que les écoles françaises. Là par le contact des Français et par l'instruction française ne connaissant de l'Italie que leur Consul, voyant plus nettement leur situation exacte ici, ils sont depuis inclins à s'attacher à la France. Le Gouvernement français peut facilement les soustraire complètement à l'influence italienne, les en détacher docilement et les fusionner par la naturalisation dans la Nation française. Cela aurait dû être sa tâche constante. Malheureusement il n'en a pas été ainsi, comme on le verra dans le chapitre de la naturalisation.

Nous avons vu qu'il y a eu depuis 15 ans une progression continuelle, et presque égale, des élèves italiens fréquentant les écoles italiennes et les écoles françaises. Cette progression générale provient de ce que cette Colonie qui était en 1881 de dix mille est aujourd'hui de cent mille, nombre qui a jeté l'émoi dans certains milieux.

Cet exode des émigrants en Tunisie, s'explique par des raisons naturelles : la vie dure dans la péninsule, notamment en Sicile, provenant de l'insuffisance de ressources de la terre pour une très dense population, et du régime féodal qui y existe, pousse ces travailleurs à quitter en masse le pays natal.

Le voisinage, les rapports constants d'affaires, de parenté, l'existence d'une Colonie déjà organisée dans ce pays, font de la Régence ce que le département d'Oran est pour les Espagnols. La main-d'œuvre nécessaire pour une colonisation naissante, toutes ces raisons géographiques et économiques font que ce courant continue à affluer vers les possessions Françaises du Nord de l'Afrique et très particulièrement vers la Tunisie.

Cet exode en masse préoccupe plusieurs économistes. Pour les uns c'est un mal dont la Tunisie supporte les conséquences ; pour les autres au contraire c'est un bien dont elle profite. Aux uns cela paraît un danger permanent ; aux autres cela n'inspire ni crainte ni inquiétude et pour ceux-ci il n'y a guère lieu de prendre de mesures restricti-ves, contre cette émigration dans ce pays du protectorat, puisque en France, en Algérie pays français de pareils procédés n'ont jamais été employés.

Inspiré de la nécessité d'atténuer la crainte de ce danger maintes fois signalé le Gouvernement de la Régence a cru trouver le remède dans la solution légale suivante : absorber dans la Nation Française une parti de ces Etrangers. La loi du 28 février 1899 est très libérale pour les Italiens puisqu'ils peuvent être naturalisés après trois ans de résidence en Tunisie, ou en Algérie, ou en France et en dernier lieu en Tunisie, ou bien une année après le mariage avec une Française ; tandis que pour les arabes le droit à la naturalisation n'est acquis qu'après l'accomplissement de trois années de service militaire.

Alors qu'en Algérie le nombre annuel des Italiens naturalisés est de 4.000, il n'atteint ici qu'un chiffre bien dérisoire (30 demandes par ans). Et ceux qui l'ont sollicitée ont obéi à un intérêt immédiat. Ceci s'explique : en Algérie il n'y a guère d'organisation italienne analogue à celle de la Tunisie. Là, chaque italien cherche individuellement à être protégé efficacement par la Nation Française. Tandis qu'ici toutes ces institutions le retiennent à rester Italien et font miroiter à ses yeux l'avantage de n'être astreint à aucun service militaire ni ici ni dans son pays natal. Alorsqu'une fois naturalisé, lui et ses enfants feraient deux années de service, et cela en France.

Le Gouvernement doit donc user de tous les moyens afin de contrecarrer avec persévérance l'effet de toutes ces organisations italiennes. Il ne peut plus s'obstiner à nier ce danger évident, danger qui subsistera si l'on n'attire pas à la France les autres éléments de la population susceptibles de se fusionner dans la Nation Française, de manière à contrebalancer la force morale et matérielle des Italiens en Tunisie.

Un examen impartial de la situation indique clairement que la solution de ce problème réside dans la naturalisation individuelle de la population Israélite. En effet, tandis que le Musulman attend le moment favorable pour reconquérir son indépendance, tandis que l'Italien rêve de retourner dans son pays natal après avoir amassé un pécule, l'Israélite Tunisien rêve et aspire à devenir Français. C'est vers cet élément dont les intérêts moraux et matériels ne sont nullement opposés à ceux des Français, que doit tourner le regard de tous ceux qui s'intéressent à la prépondérance française dans ce pays.

CHAPITRE V

Cette importante population que rien ne lie à aucune autre puissance ni aux intérêts du Gouvernement du pays, est prédisposée naturellement à opter pour la Patrie Française.

Cette race homogène était venue dans la Régence à des époques différentes, de Palestine, et d'Espagne, à la recherche d'un abri pour attendre passer le vent d'intolérance réligieuse qui soufflait dans ces pays, et éviter ainsi les persécutions violentes et les buchers.

Malgré l'esprit et la nature assimilable des Israélites en général, ceux de la Tunisie, vivant pendant des siècles parmi les arabes, n'ont appris de leurs maitres avec lesquels ils étaient journellement en contact, que quelques mœurs d'ailleurs disparues facilement. Malgré leur ardent désir de s'instruire, ils sont restés réfractaires à la civilisation musulmane laquelle à fait fleurir en son temps des erreurs grossières. La philosophie musulmane basée sur des traditions religieuses irrémédiablement fermée à la libre discussion ne pouvait pas être acceptée par les Israélites chez qui le sentiment de la libre discussion a toujours dominé.

Les Israélites étaient dans un état de servitude révoltante : ils n'étaient pas protégés par les lois du pays et parcontre ils étaient opprimés, soumis à des lois spéciales, cantonnés obligatoirement dans un quartier à part, dans un ghetto sordide, contraints à porter un genre de costume déterminé, à payer des droits douaniers et un tribut supplémentaires que les autres populations ne payaient pas ; contraints encore à exécuter certains travaux publics gratuitement. Ils devaient à l'Islam un respect que les arabes n'avaient pas pour le Judaïsme : c'étaient un crime capital que celui de blasphemer la religion de Mahomed ou un de ses saints, alors que tout était permis envers la religion israélite.

Ils n'avaient pas le plus rudementaire des droits : le droit de justice ; puisque le deni de justice à leur égard était et est encore aujourd'hui aux yeux de Musulmans une œuvre pie ; leur témoignage n'était pas admis ; leur serment était nul, leurs titres étaient sans valeur, on pouvait leur opposer valablement les témoignages des Musulmans. Ils étaient éloignés des fonctions publiques, et ils ne pouvaient et ne peuvent encore en aucune circonstance faire partie de l'armée même comme simples soldats. Ils n'avaient guère le droit de cité et c'était par une simple tolérance qu'ils habitaient le pays.

Aussi le droit d'expulsion était permis à leur égard tandis qu'il ne l'était pas à l'encontre d'un Musulman tunisien. Sous M. Millet le jeune M. S. B. et le père de famille m. J. A. deux honorables israélites tunisiens ont été, pour des causes futiles, expulsés arbitrairement et sans jugement, du territoire tunisien. Les Israélites constituaient en réalité une colonie étrangère, n'ayant par suite aucune protection et soumis alors à la justice beylicale comme tous les autres étrangers n'ayant pas ici un consulat·

Le fait d'être né dans ce pays n'implique pas l'acquisition de nationalité tunisienne. L'exemple des autres étrangers en est la preuve la plus évidente. En droit musulman la nationalité tunisienne ne s'acquiert que par la conversion à l'Islamisme. D'ailleurs en droit musulman : le mahométan tunisien redevient marocain au Maroc, turc en Turquie, persan en Perse, et là il échappe ainsi à l'Autorité du Consul de France parceque le musulman tunisien devient là sujet de ces états musulmans. C'est un point de droit incontesté que, du reste le Gouvernement lui-même reconnait puisqu'il ne veut voir dans tous les Musulmans étrangers habitant la Régence que des Musulmans tunisiens; sans se préoccuper de leur pays d'origine. C'est ce qui ressort d'ailleurs du décret du 13 mars 1902, cité plus loin.

C'est d'ailleurs comme étrangers de passage que les Israélites tunisiens se sont toujours considérés ici.

La persécution a conservé chez eux les sentiments et les aspirations religieux, seuls moyens consolants pour les esprits faibles dans ces pénibles circonstances. Ils avaient les yeux tournés vers la Palestine rêve de tous les Israélites persécutés. C'est seulement chez ces Israélites qu'existe ce sentiment sioniste. Chez ceux qui jouissent des mêmes droits que leurs concitoyens des autres cultes, ce sentiment est inconnu.

C'est cette situation lamentable pendant des siècles qui a fait que l'Israélite, contrairement au Musulman, a sans cesse le regard tourné vers l'avenir qu'il espère meilleur et qu'il a par conséquent les yeux fixés sur l'horizon qui s'ouvre devant lui.

C'est aussi comme Etrangers que la Restauration qui a été plus juste que la troisième République, a considéré, au moment de la conquête, les Israélites algériens dont la situation était identique à celle de ceux de la Régence. Avant d'être favorisés par le Sénatus-Consulte et le décret Crémieux, Louis Philippe, les a soumis aux lois appliquées aux Français et Etrangers.

L'article 32 de l'ordonnance du 10 août 1831 est ainsi conçu :

« Les tribunaux français connaitront.

1· De toutes les infractions aux lois de la police et de la sûreté à quelque nation ou religion qu'appartient l'inculpé.

2· De tous les crimes ou délit commis par des Français, des Israélites ou des Etrangers.

3· Des crimes ou délits commis par des Musulmans indigènes au préjudice des Français, Israélites ou. Etrangers.

Etrangers, ces Israélites ont été considérés toujours par les Beys dans leurs actes, étrangers, ils se sont toujours considérés, étrangers, la France les a toujours considérés avant et après l'occupation, étrangers, on doit continuer à les considérer. A eux de choisir une nationalité ! Pourquoi le gouvernement du Protectorat cherche-t-il depuis à leur donner la nationalité tunisienne dont ils ne veulent pas? est-ce pour les soumettre dans une situation d'infériorité flagrante vis à vis des Italiens et des Musulmans même ?

CHAPITRE VI

En fait et en droit rien ne liait ces Israélites aux intérêts du gouvernement des Beys. Ces étrangers sans drapeau, les uns se naturalisèrent Italiens, Allemands, Anglais ou Français, d'autres obtinrent la protection de certaines puissances européennes, alors que rien de pareil ne se vit chez les Musulmans. Ceci s'explique par la bonne raison que ces derniers ne le pouvaient pas, ils étaient véritablement des sujets tunisiens.

Si cela étaient possible, les consuls qui se disputaient ici la prépondérance n'auraient pas manqué d'appeller à eux les Musulmans comme ils le firent pour les Israélites. Les consuls en effet cherchaient à accroître dans ce pays le nombre de leurs nationaux et protégés pour avoir plus d'intérêts à défendre et acquérir par là plus d'influence auprès du souverain.

Grace aux patentes de protection, protecteur et protégé trouvaient leur compte. L'un gagnait en autorité et l'autre en sécurité. Les Israélites tunisiens n'ignoraient pas ce que la France avait fait pour les Israélites en général, s'adressèrent de préférence à elle. C'est cet élement de protégés français qui a servi en maintes occasions la cause Française. C'est lui qui a donné à la France une base d'opérations importantes. C'est au nom de ses intérêts notamment qu'elle a fait prévaloir ses prétentions sur ce pays, qu'elle a dû conséquemment occuper pour y mettre l'ordre.

Aussi la protection française avait elle été accordée sans difficultés jusqu'à en 1898. Avec ces justiciables les Tribunaux Consulaires avaient pris une importance considérable au détriment des juridictions indigènes.

CHAPITRE VII

En 1883 la France a constitué et établi ici sur une base solide ses Tribunaux, étape décisive et acte solennel de souveraineté. Composés de magistrats d'élite, ils ont bientôt gagné la confiance et la sympathie de tous les justiciables des autres tribunaux consulaires.

Et afin de ne plus rester dans une situation fausse et compliquée, de ne pas être ballotés entre diverses juridictions les étrangers eux-mêmes, sont, à la suite d'une pétition, devenus justiciables des tribunaux français.

L'installations de ces tribunaux a été impossante sur l'esprit des Arabes qui ne voient la manifestation de l'autorité dominante que dans l'exercice de la justice, c'était en ce moment qu'ils comprirent que l'occupation française était devenue définitive et nullement temporaire comme ils l'avaient cru jusque-là.

Par les traités du 12 Mars 1881 et du 30 Mars 1883, la France avait pris la double tâche de châtier et de protéger.

Elle avait depuis, le droit et la mission de créer pour tous une justice digne de notre époque, et de donner à tous, des moyens et des garanties contre l'arbitraire et l'erreur. Elle devait par conséquent étendre les bienfaits de la Justice Française à tous les habitants du pays, sans distinction d'origine ou de religion, et réaliser ainsi l'unité de juridiction dans la Régence. En suivant cette voie tracée déjà, la France aurait eu pour elle la Justice, l'opinion du monde civilisé et surtout le consentement du peuble protégé.

Les tribunaux Français ont vu depuis leur rôle et leur compétence se développer. La Cour de Cassation par un arrêt du 9 janvier 1894 a étendu la portée du décret, organique du 2 septembre 1885, déférant ainsi à la juridiction française les indigènes Tunisiens coupables d'un délit ou crime commis à l'encontre d'un Européen où d'un protégé Européen. Le décret du 13 Janvier 1898 a consacré cette jurisprudence.

La Cour d'Appel d'Alger par un arrêt du 26 octobre 1901 a étendu encore la portée du décret du 13 janvier 1898, en décidant que par « Européen » il faut entendre tout Étanger, Chinois, Marocain, Turc, etc.

Mais cela ne fût pas du goût du Résident d'alors, qui ne voyait pas d'un bon œil se développer l'influence de la justice française ; aussi a-t-il pris le 13 Mars 1902, le décret suivant, interprétant celui du 13 Janvier 1898 sur la compétance pénale des juridictions françaises en Tunisie :

« Vu le décret du 2 Septembre 1885 ;

« Vu le décret du 13 janvier 1898 ;

« Vu l'assentiment du Gouvernement Français ;

« L'article premier du décret du 13 Janvier 1898 est remplacé par les dispositions suivantes :

« Désormais les délits ou crimes commis par les sujets et protégés des autres états et pays non Musulmans, ou à leur préjudice, sont justiciables des tribunaux Français »

On a ainsi remis aux tribunaux Indigènes tous les Étrangers Musulmans (Turcs, Persans, Marocains). Ce qui est illogique encore c'est de soumettre avec l'assentiment du Gouvernement Français les Israélites Marocains, Tripolitains, etc. aux tribunaux Mahométans auxquels on reconnait le caractère purement religieux, puisqu'on étend leur compétence à tous les Musulmans étrangers. Le Gouvernement d'aujourd'hui n'a pas les mêmes vues que celui qui a rendu l'ordonnance Algérienne de 1834 qui a soumis les Musulmans étrangers aux tribunaux Français.

Ce décret outre qu'il constitue une diminution des justiciables aux tribunaux Français, il constitue une faute politique très grave vis à vis des Marocains auxquels le Gouvernement aurait dû faire sentir la loyauté et l'impartialité de la Justice Française.

Un faisceau d'arguments était en faveur d'une politique plus française, plus démocratique, surtout depuis que la France par les traités de 1896, a eu les mains plus libres pour agir avec la dignité de son bon renom.

Jules Ferry lui même, le père du protectorat, discourant à Tunis, le 1ᵉ mai 1887 disait : « Je ne suis pas partisant du protectorat inerte, du protectorat borné. Je le veux réformateur. »

Pour tous, la protection était une mésure transitoire, une étape à la voie de la naturalisation, et l'on s'attendait à voir cette voie s'ouvrir à la population Israélite si fidèle à la France.

CHAPITRE VIII

Mais l'étoile de la justice a été éclipsée sous le règne de M. Millet qui fit encore machine en arrière, s'acharmant à démolir ce qui a été fait, et à perdre tout le terrain conquis.

Quel que soit le respect qu'on doit avoir pour un ancien représentant de la France en Tunisie, on ne peut s'empêcher de constater que Mʳ Millet a fait une mauvaise politque ; et c'était tantôt derrière le Bey, tantôt derrière la France qu'il se retranchait. Il a comploté dans les ténèbres contre la justice, et a su obtenir en traitant habilement avec les autres puissances, la radiation de tous les protégés israélites ; le consulat de France en a fait autant de son côté ; et ainsi on a remis tous ces justiciables de la juridiction française entre les mains des tribunaux indigènes.

M. Millet a de la sorte compromis gravement l'œuvre bienfaisante de ses prédécesseurs dont tous sentaient alors l'heureux résultat.

Les archives nous dévoileront un jour, lorsque la Chambre nommera une commission d'enquête sur la Tunisie, comment on a pu convaincre le quai d'Orsay de l'utilité de cette mesure, et à quel mobile on a obéi pour livrer ces Israélites aux mains de fanatiques exaltés qui n'attendaient que ce moment favorable pour étancher leur soif de haine religieuse. Qu'y a-t-il eu dans l'attitude des Israélites qui eut pu justifier cette mesure inique ? Ce sont des gens qui occupent peu la justice repressive; mais aux yeux de certains leur qualité d'Israélites suffit pour les traquer sans merci.

N'est-ce pas un coup terrible pour le prestige de la France que de lâcher ainsi une catégorie de justiciables qui lui sont bien fidèles à des juges dont la conscience est ravagée par l'intolérance religieuss? Alors que l'Israélite Tunisien est à l'Etranger protégé par la France contre toutes sortes d'iniquités et soumis en Orient à la Justice Française, en Tunisie, pays de protectorat français, il ne jouit pas de ces garanties. C'est un crime contre l'intérêt moral et supérieur de la patric, contre la justice, contre l'influence française, contre les droits de l'humanité.

Des considérations fort judicieuses sont contre cet abus de pouvoir. En enlevant à cette catégorie de gens des droits qu'ils possédaient, on leur a fait subir une déchéance, une dégrédation très grave.

Ce n'est un secret pour personne que la France se trouve actuellement au Maroc dans les mêmes conditions qu'elle se trouvait avant 1881 en Tunisie. Là aussi, elle cherche comme toutes les autres puissances à avoir des protégés Israélites afin d'avoir plus d'influence et plus d'intérêt à présenter et à défendre, et conséquemment plus de prépondérance par rapport aux autres puissances.

Les Israélites marocains sont poussés par l'Alliance

Israélite à chercher la protection française ; mais ils sont instruits par les autres consuls que la France en Tunisie après s'être servie de ses protégés Israélites, les a lâchés depuis, plusieurs d'entre eux ont écrit à leurs coréligionnaires tunisiens pour demander des éclaircissement à ce sujet.

C'est le 1er janvier 1899, lorsque les Israélites étaient venus à la Résidence, selon l'usage, présenter leurs vœux et souhaits à la France, à la République et à ses représentants, que M. Millet les a imformés avec un sang froid inouï de cette décision à titre d'étrennes. Ils furent suffoqués, aveuglés par cette nouvelle inattendue ; mais leur silence constituait une protestation sourde et indignée.

Après de vifs incidents à ce sujet avec Monsieur le Résident, le Barreau, obéissant à de nobles sentiments, a publié à l'unanimité une brochure pour protester contre cette mesure arbitraire et anti-française. Les avocats ont remis à des députés de passage ici, des pièces justifiant pleinement leur attitude indignée de voir la justice indigène sortir du tombeau. Et afin d'atténuer l'effet énorme de cette protestation légitime, par un imbroglio inqualifiable, les avocats ont été accusés d'avoir obéi à des intérêts professionnels. La presse tout entière sans distinction de parti ne cesse encore aujourd'hui de protester elle aussi contre une pareille politique.

Que d'incidents, depuis, entre le Parquet qui voulait maintenir intactes les prérogatives de la justice française, et les tribunaux indigènes ! Souvent, ceux-ci ont arrêté des gens inculpés avec des justiciables des tribunaux français et qui avaient bénéficié d'un non lieu ou d'un acquittement de ces tribunaux.

La Résidence a dû continuer à protéger les Israélites dont l'origine algérienne est incontestable ; d'autres ne se voyant pas inscrits dans cette catégorie, ont produit des pièces justificatives de leur origine et ont obtenu des tribunaux français des jugements leur ayant reconnu cette qualité.

Mais la Résidence, émue de la lutte que faisaient ces gens pour être à l'abri de l'arbitraire et de l'injustice des tribunaux tunisiens, a écrit au Gouverneur de l'Algérie lequel a adressé aux préfets le curieux document que voici :

Gouvernement général de l'Algérie
Premier Bureau.

N° 6220

NATIONALITÉ

TUNISIENS

Alger, le 20 Juillet 1903

Monsieur le Préfet,

M. le Résident général de la République Française à Tunis m'informe que, depuis quelque temps, et notamment depuis que le Gouvernement autrichien a prescrit à son représentant à Tunis de rendre à la juridiction tunisienne les sujets beylicaux auxquels son consulat avait antérieurement accordé sa protection, des indigénes, surtout israélites, auxquels cette mesure a déplu, ont adopté le stratagène de passer la frontière, et d'aller faire établir, de préférence à la mairie de Souk-Ahras, des actes de notoriété, les déclarant algériens, ou tout au moins nés en Algérie, pendant le qassage fortuit ce leurs parents dans une localité quelconque.

Dès qu'ils sont en possession de ces actes, les intéressés reviennent en Tunisie et prétendent s'en servir, d'abord pour refuser les impôts, et successivement pour requérir leur inscription comme sujets algériens, et même commme citoyens français sur les listes de recrutement.

Ainsi que le fait remarquer M. le Résident général, ces agissements constituent une source de désagrements pour les autorités tunisiennes et il importe d'y mettre un terme.

Je vous serai, en conséquence, obligé de vouloir bien donner des instructions à cet effet aux autorités locales de votre département, et en particulier à celles de Souk-Ahras.

Pour le Gouvernement Général

Le secrétaire général du gouvernement

(*Signé*) : Maurice VARNIER.

La teneur de ce singulier document indique un état d'esprit inquiétant. Le but de ces prétendus agissements, s'il y en a eu de non justifiés, est même louable et à l'honneur des intéressés, puisque leur but unique est de se réclamer des Tribunaux français dont ils entendent vanter l'esprit d'équité et de droiture. Il est faux que leur intention était de se soustraire par ce moyen à certains impôts : puisqu'au contraire, en s'inscrivant ici comme sujets algériens, ils paient tous les ans 10 francs de droit de chancellerie. Il est également faux de dire que des pareilles pièces donnent à ces individus le droit de demander leur inscription sur la liste du recrutement, car il faut d'abord demander la naturalisation.

Depuis quand donc la France cherche-t-elle à repousser ceux qui désirent devenir ses enfants d'adoption ?

CHAPITRE IX

La Tunisie, au lieu de devenir de plus en plus française devient de plus en plus indigène. Au lieu de démolir de fond en comble ces tribunaux de l'Ouzara, ces foyers d'arbitraire et d'injustice, on a dû pour ces nouveaux justiciables les faire revivre de leurs cendres. Et depuis, la justice beylicale s'élève en face de la justice française et l'écrase par la supériorité du nombre de ses dossiers.

Faute de justiciables, la création d'une Cour d'Appel à Tunis est ajournée, et il est même question de supprimer la troisième Chambre du Tribunal Civil de Tunis.

Cette diminution dans la compétence des tribunaux français, au point de vue de la souveraineté française a eu des conséquences désastreuses. Enlever le champ d'action aux Tribunaux français, c'est diminuer la force de l'occupation elle-même ; et l'effet produit sur l'esprit des indigènes a été tout opposé à celui de 1883 lors de l'installation des Tribunaux français dans la Régence.

Cette fois, les arabes, renseignés d'une manière expresse, ont cru que la France a commencé à abandonner le pouvoir au Bey. Aussi, se sont-ils empressés de chercher la première occasion pour fêter, suivant leur usage, le triomphe de cette faiblesse qui a semé le germe dangereux de la révolte et du soulèvement, et qui a produit un brusque réveil de sentiments malsains ; au lieu d'effacer toutes traces de haine religieuse, on a ainsi rallumé le feu éteint. La paix publique a traversé de sombres journées. Les magasins étaient fermés ; les Israélites, barricadés chez eux, ont vu les vitres de leurs fenêtres voler en éclat à coup de pierres, ceux qui étaient dans la rue, ont été frappés et molestés aux yeux d'une police impuissante, composée en grande partie d'agents arabes qui regardaient cela d'un bon œil et qui laissaient faire.

Les perturbateurs, enhardis par leur succès, impunis, ont continué leurs exploits contre les autres infidèles Italiens, Maltais, Français, etc. Il a fallu l'intervention des Consuls pour décider la Résidence à faire sillonner dans la ville quelques gendarmes et quelques chasseurs d'Afrique dont l'attitude énergique et indignée a imposé le respect à ces émeutiers,

Le bouquet symbolique de ce trouble, c'est que la justice indigène, sous le couvert de calmer les Arabes, a distribué des années d'emprisonnement à des Israélites qui ont cherché à se défendre dans leurs demeures contre les agresseurs. N'est-il pas pénible de dire que cela s'est passé dans un pays où flotte le drapeau tricolore et où la France a pris la charge de protéger et de punir !

Quelle attitude arrogante et hautaine ont eu les Arabes depuis ! Quel dédain les juges musulmans ont manifesté pour les Israélites depuis !

Une anomalie plus grande encore qui mérite d'être signalée : L'Ouzara juge les procès entre les Tunisiens et les administrations tunisiennes (finances, douane, police, travaux publics, mines, etc.) à la tête desquelles se trouvent des Français, et qui sont régies par des lois et règlements français. L'on voit par là quelle sécurité, quelle garantie ont les particuliers qui ont des différends avec ces puissantes administrations qui exercent une influence réelle sur les magistrats musulmans appelés à rendre des décisions. Il est indéniable que si les chefs des administrations n'ont pas voulu de la justice française, c'est qu'ils ont compté sur l'arbitraire de la justice tunisienne.

Aussi faut-il rendre justice à M. le Directeur de l'office postal qui sur sa demande expresse, a soumis les litiges de son administration avec les particuliers tunisiens à la juridiction française.

C'est avec difficulté que les avocats acceptent à représenter les parties devant les tribunaux indigènes, où les affaires se jugent dans les bureaux, dans des entretiens particuliers. Ce sont des oukils indigènes, sortes d'agents d'affaires, qui représentent les parties devant ces tribunaux.

Dernièrement, l'ancien Ministre de la Justice, M. Vallé. au Cercle républicain de Tunis, parlant de cette justice, s'exprima ainsi : « J'ai vu les tribunaux musulmans assez pour me féliciter de ne pas les connaître comme justiciable. Si je reconnaissais qu'il y a quelque chose à dire sur nos propres tribunaux, depuis que je me suis approché des tribunaux tunisiens, je crois que nous avons atteint le plus haut degré de perfection. »

C'est tantôt une justice religieuse, tantôt une justice civile, ou administrative. Dans ces tribunaux, l'arbitraire règne en maitre, des lois civiles se mêlent aux lois religieuses. Les sentences prononcées ne tiennent compte que des considérations de personnes plutôt que des considérations d'équité et de justice.

Devant cette juridiction, c'est à l'accusé à prouver son innocence. L'emprisonnement préventif ou par mesure administrative est sans limite; les prisonniers dont les parents ne peuvent assurer la nourriture, meurent de faim.

La liberté de conscience au XX· siècle est inconnue des juges indigènes, puisqu'ils arrêtent et condamnent pour infractions à la religion et à ses traditions. Des musulmans ont été emprisonnés pour s'être attablés sur la terrasse d'un café avec des chanteuses européennes. Ces dernières, il est vrai, ont été à leur tour, expulsées pour avoir ainsi favorisé une conduite peu conforme aux traditions islamiques.

On n'a pas oublié l'affaire de M. Didi qui, après avoir épuisé tous les moyens de défense par les avocats de Tunis, a été obligé, pour se faire rendre justice, de faire venir de Paris un publiciste qui a mené ici une violente campagne. Prise de peur, alors, la justice indigène a dû faire son devoir. Mais à l'aide de quels sacrifices il a obtenu le résultat qu'il recherchait avec juste raison ? Car les ressources qu'il a dû employer ne sont pas à la disposition de toutes les victimes de l'arbitraire.

Un fait caractéristique de ce régime, est la détention préventive, pendant deux mois, avant toute enquête d'un Israélite boucher. Son crime était d'avoir attrapé un rat et de l'avoir pendu dans l'intérieur de son magasin qui était hanté par ces animaux. On a voulu voir là un blasphème et un attentat à la religion.

Il y a quelques mois, la section d'État a condamné administrativement sans jugement, à trois mois de prison et à 100 francs d'amende, un Tunisien gérant du journal quotidien Elzahra rédigé en langue arabe, pour avoir publié le 25 mai 1904, une note relative à la mort mystérieuse d'un détenu au pénitencier tunisien. Cependant le directeur de ce même journal n'a pas été inquiété pour la bonne raison qu'il était sujet algérien et par conséquent, justiciable des tribunaux français. A la suite de cette publication, les journaux français ont fait une enquête qui a établi l'exactitude des faits rapportés. La publication du journal « Elzahra, » reste interdite jusqu'à ce jour.

Savourez le jugement qui condamne une jeune fille musulmane majeure, à trois mois de prison, pour avoir eu des relations avec un jeune homme « dont la passion, dit le jugement ne s'explique que par un sortilège » Le jeune homme a subi la même peine.

Et cette fameuse condamnation d'Ethéalbi, coupable d'être assez dégagé de la superstition et d'avoir tenu des propos plus ou moins orthodoxes !

On pourrait multiplier les exemples à l'infini : Mais ceux qui ont été cités, au hasard du reste, montrent assez les vices de la juridiction tunisienne. A cette machine dont les rouages sont usés, on a donné des attributions plus larges encore par le décret du 17 septembre 1901 relatif à l'exécution par l'Autorité Tunisienne des jugements rendus par les Tribunaux Français contre des sujets indigènes.

« Tout justiciable des Tribunaux Français qui aura obtenu de cette juridiction un jugement contre un Indigène Tunisien non protégé d'une Puissance européenne, pourra demander à l'Administration Tunisienne d'en poursuivre l'exécution par les moyens dont elle dispose, soit qu'une tentative d'exécution par les voix ordinaires ait été infractueuse, soit même avant toute tentative d'exécution.

« Au cas où l'Administration Tunisienne serait arrêtée par une action en revendication ou toute autre exception soulevée par le défenseur, elle ordonnera de passer outre, si l'obstacle n'est qu'un moyen dilatoire et qu'il ne se présente pas avec des éléments propres donnant ouverture à des contentieux. » .

Bien des pages sont nécessaires pour exposer ce qu'il y a d'illégal dans ce décret et les abus auxquels il donne naissance ; dans ce chef d'œuvre d'injustice, les garenties légales contre l'abus et l'erreur proclamées par les lois Françaises sont appelées des moyens dilatoires. Ainsi, ce que les lois Françaises n'ont pas confié au Président du Tribunal jugeant en référé, ce décret Tunisien le confie à des simples fonctionaires musulmans. C'est que, en Tunisie, tous les principes de justice sont foulés aux pieds. Ici, on a donné à l'Administration Tunisienne c'est à dire aux Caïds, aux Cheiks, le pouvoir absolu sans déférer les parties devant aucune juridiction, de passer outre à toutes ces revendications, et d'exécuter, non par des voies ordinaires, c'est à dire par les auxiliaires de la Justice Française, mais par les voies et les moyens extrordinaires dont dispose l'Administration Tunisienne et en particulier par la contrainte par corps. On ne doit pas perdre de vue qu'il s'agit de l'exécution des jugements rendus par les tribunaux français selon les lois et procédure françaises.

Il est à remarquer que la réciprocité n'existe pas, c'est dire que, si c'est le justiciable des tribunaux français qui succombe, l'adversaire Tunisien ne peut pas user des mêmes moyens : Le premier profite des garanties de la justice française, l'autre supporte l'arbitraire de la justice tunisienne, voilà les deux poids et les deux mesures. Quel exemple de partialité la France donne à ses protégés ! Tout cela se passe un quart de siècle depuis que cette terre est devenue française !

C'est peut-être offenser certains esprits susceptibles que de dire que les Anglais ont été plus justes envers leurs protégés en Egypte. Là, où leur protectorat n'était pas reconnu encore, ils avaient installé pour tous les habilants du pays une juridiction appliquant un code et des lois offrant toutes les garanties possibles.

Ceux qui l'ignoraient, seraient étonnés d'apprendre que la justice indigène coûte trop cher au Gouvernement et aux particuliers ; car les frais de procédure sont plus élevés que devant les tribunaux français; en outre elle est généralement d'une lenteur extraordinaire, des affaires restent en délibérée pendant plusieurs années et ne sont jamais jugées.

Aux personnes d'une foi naïve, on sert une formule hypocrite, on leur dit : la procédure française est très compliquée pour les Musulmans. Mais on a soin de ne pas ajouter que ces mêmes personnes sont bien obligées de suivre cette même procédure lorsqu'un justiciable des tribunaux français est en cause.

Il serait indigne d'une nation comme la France d'envisager la question sacrée de justice sous un jour aussi mesquin : Une bonne justice pour les Français et les Étrangers, et une mauvaise pour les indigènes tunisiens. C'est là une conception de la justice indigne du monde civilisé. Cette anomalie est impolitique et ne peut plus durer. Elle n'est guère de nature à développer l'influence française dans la Régence.

L'homme qui a créé cet état de choses est parti, mais son œuvre reste entière. Aux bureaux des affaires tunisiennes du Quai d'Orsay on sait que cette politique se perpétue au détriment de l'influence française en Tunisie, mais pour ne pas se déjuger on avance, on persiste de plus en plus dans la faute commise. Les fonctionnaires des affaires étrangères qui conservent religieusement les traditions sacrées de la maison, continuent à maintenir et même à élargir le fossé qui fractionne et sépare les différentes populations. Ils estiments qu'autrement tous les arguments en faveur du protectorat s'écrouleraient et que par conséquent il font conserver tous les rouages et même les compliquer au besoin.

Ainsi les législateurs (?) (pas du Parlement) de Dar-El-Bey ont dépensé plus de cent mille francs pour préparer une sorte du code tunisien, ayant un cachet oriental, afin que la Régence diffère de la Métropole, même par les lois civiles et commerciales. En Algérie, on accuse les Algériens d'avoir l'esprit séparatiste, ici, c'est le Gouvernement lui-même qui est animé de cet esprit. On ne doit pas ignorer que l'essentiel n'est pas seulement de mettre un code entre les mains des tribunaux indigènes, car les mœurs restent toujours les mêmes.

Certes il n'y a pas un un accord absolu sur la solution qu'il faut donner à cette question. Mais l'opinion dominante convient d'étendre les garanties de la Justice Française à tous les Israélistes Tunisiens, et de créer des tribunaux mixtes pour les Musulmans dont les jugements seront soumis à une Cour d'Appel Française.

Des tribunaux mixtes, composés des magistrats et avocats ne connaissant que la langue française, et des juges et oukils ne connaissant que l'arabe ! alors l'histoire de la Tour de Babel s'y renouvellera tous les jours !

On n'a pas oublié qu'un avocat avait écrit en Français à l'Ouzara pour l'informer au nom du demandeur que telle affaire était arrangée, afin qu'on la rayât du rôle. Le mot *arrangée* ayant été compris pour le mot *finie*, les juges ont alors rendu une sentence définitive en dernier ressort déboutant le demandeur.

D'ailleurs que deviendront ces juges français noyés dans ces tribunaux régionaux ?

Le point qu'on laisse dans l'ombre est le plus délicat. Quelles sont les lois que ces tribunaux mixtes auraient à appliquer ? Appliquera-t on des lois françaises ? Ou des lois tunisiennes, souvent inconnues et incompatibles avec nos idées modernes, comment une Cour d'Appel Française pourrait-elle les appliquer ?...

Une autre difficulté qui se présente, les jugements des tribunaux indigènes sont rendus au nom du Bey. Sous quelle souveraineté cette cour d'Appel Française rendrait-elle ses arrêts. ?

Il est évident, que dans l'intention des promoteurs de cette solution, les petites affaires ne seront pas appelables. Cependant, c'est généralement dans cette catégorie de procès, que se commettent toutes sortes d'abus.

Pourquoi ces réformes imparfaites et cette avarice de justice ? Il est bien vrai que ce sont les Israélites tunisiens qui sont les plus victimes des tribunaux indigènes ; mais on doit se placer à un point de vue général et plus élevé et dire : puisque la justice française offre toutes les garanties d'équité voulue, qu'on l'étende à tous les habitants du pays. Alors la question de la création d'une Cour d'appel à Tunis se résoudrait d'elle-même, puisque la Tunisie aurait à elle seule un chiffre d'affaires qui occuperaient cette Cour. Cette mesure aura un effet radical, elle mettra un terme à un régime que les esprits réfléchis condamnent sévèrement. Ainsi on fera dissiper les mauvaises impressions qu'ont fait naître jusqu'ici ceux qui dirigent la politique tunisienne et qui président aux déstinées de la Régence.

CHAPITRE X

Les Israélites tunisiens ne sont pas soumis uniquement aux tribunaux musulmans; ils ont été, à l'aurore du XX° siècle, dotés, d'un tribunal Rabbinique, dernière citadelle d'une oligarchie religieuse. Le gouvernement lui a remis le soin de juger pour ce qui touche leur statut personnel. Ce sont des Rabbins-Juges qui appliquent à la lettre les lois mosaïques conservées de génération en génération depuis 30 siècles, des lois qui autorisent la polygamie, la répudâtion seulement sur la demande du mari et sans qu'il soit nécessaire que cette demande soit motivée ; des lois qui constituent le mari survivant seul héritier,et qui exclusent les filles de la succession de leur père et mère, au profit des enfants mâles, des juges qui s'occupent de l'administration des biens de mineur, ce sont eux enfin, qui liquident ces biens, meubles et immeubles dans toutes les successions. On comprend par là,les abus qui s'y commettent journellement.

Des tribunaux français ont souvent tranché des litiges touchant le statut personnel des Israélites, dès que l'une des parties est protégée européenne. Est-ce que ces tribunaux ont eu recours aux Rabbins-Juges ? Nullement ; les règles appliquées à ces cas, qui touchent le statut personnel des Israélites, sont fixées par la jurisprudence des tribunaux Français de Tunis, par la Cour d'Appel d'Alger et la Cour de Cassation.

A t-on créé des tribunaux Italiens, pour juger les questions relatives à leur statut personnel ?

D'ailleurs, les Israélites ne demanderaient pas mieux qu'à renoncer à ce statut personnel qu'ils trouvent en opposition avec les principes nouveaux dont ils sont partisans, et particulièrement avec les devoirs du mari à l'égard de son épouse.

Une dénonciation vague, souvent anonyme, accusant une femme d'adultère, le tribunal rabbinique, ce tribunal d'inquisition, d'office,et sans aucune plainte de la part du mari seul intéressé, ni même de la part des parents, convoque alors l'épouse, fait une enquête sur sa vie privée, lui fait prêter un serment public et solennel, et oblige le mari par l'emprisonnement à divorcer avec sa femme malgré elle, malgré lui, malgré leurs parents respectifs, et cela même s'il y a doute sur l'infidélité conjugale. Cette parodie de tribunal de rabbins institué par M. Millet, jette arbitrairement le trouble et le déshonneur dans les familles.

Pour créer des ressources nécessaires à l'entretien de ce

tribunal, soit 20.000 francs par an, on a soumis les contrats de mariages des Israélites seuls à des droits excessifs, ce qui fait que tous les ménages pauvres ne font point ce contrat ; la femme est ainsi à la merci du mari qui peut l'abandonner avec ses enfants sans être inquiété.

CHAPITRE XI

Il ressort de certaines circonstances qu'à la Résidence on croit encore être agréable aux Israélites en les dotant de toutes les organisations et lois qui les font maintenir dans un état social conservateur. Elle maintient à la tête de la caisse de bienfaisance israélite un parti qui, pour se créer des ressources, ne recule devant aucun impôt ayant un caractère rétrograde et religieux, qui ne frappe ainsi que la classe pauvre, généralement plus attachée aux pratiques religieuses. Ce parti ridiculise le Gouvernement et la Colonie Israélite par les nombreux décrets qui ont été élaborés sur sa demande au Dar-el-Bey.

Un bel exemple de ces décrets est le suivant :

Article Premier. — Le service du culte Israélite ne doit être célébré que dans les temples désignée par le Comité de la caisse de Bienfaisance Israélite.

Cependant pour ne pas déroger aux usages, le Comité pourra autoriser moyennant argent, le service du culte dans les synagogues privées.

Art. 2. — L'égorgement de la volaille suivant les rites Israélites est réservé aux rabbins pourvus d'un diplôme délivré par le Grand-Rabbin et une autorisation signée par le délégué du gouvernement.

Art. 3. — Les infractions aux dispositions du présent

décret seront punies d'une amende de 16 à 100 francs.

En cas de récidive dans les cinq ans, le tribunal aura la faculté de prononcer contre le délinquant une peine de 100 francs d'amende et de cinq jours à deux mois de prison.

Tunis le 5 Décembre 1901
Le Délégué à la Résidence générale
de la République Française
A. D'ANTHOUARD

Deux cents francs d'amende et deux mois de prison pour avoir prié dans une synagogue privée, ou pour avoir égorgé une volaille avec le consentement de son propriétaire ! Et dire que c'est sous un gouvernement laïque, un gouvernement de la séparation que pareil décret ait été promulgué !

CHAPITRE XII

On feint d'ignorer l'évolution des Israélites, depuis 1881 à aujourd'hui. Cette colonie n'est plus une colonie patriarcale, mais une colonie bien modernisée.

Les Israélites qui étaient autrefois tous négociants par nécessité le sont aujourd'hui par une prédisposition héréditaire. Le système du commerce indigène d'avant l'occupation ayant fait place à des systèmes modernes, il y a eu une période transitoire qui a été bien préjudiciable aux intérêts des Israélites. Comme ces derniers ne sont guère routiniers, mais actifs et novateurs, ils ont adopté les systèmes du commerce européen, et ils étendent chaque jour l'horizon de leur commerce, et sont au courant des prix et des transactions du marché universel.

Par leur activité constante, ils ont acquis une connaissance positive de tout ce qui est utile à la prospérité du pays, au développement du commerce et de l'industrie.

CHAPITRE XIII

Comme les agglomérations des Israélites des villes deviennent de plus en plus importantes, par suite de l'excédent des naissances sur les décès, ils voient se resserer de plus en plus la place qu'ils occupent. Cette population de 40 mille en 1881 est aujourd'hui de cent mille ; sous la prospérité apparente d'une vie luxueuse se dissimule souvent la misère provenant des difficultés de l'existence que la civilisation a rendue beaucoup plus coûteuse que par le passé. Aussi un malaise économique commence-t-il à se faire sentir.

Afin de conjurer une crise qui serait grosse de conséquences, l'Alliance Israélite, dans le but de lancer cette jeunesse vers l'agriculture, et la faire profiter de la mise en valeur des régions réputées fertiles, créa une ferme-école à Djedeïda ; le résultat en a été brillant. Mais cette jeunesse instruite des choses agricoles, pleine de vigueur et de volonté pour s'adonner à la terre et peupler la campagne, n'a pu utiliser ni ses connaissances, ni ses bras, par suite de son état social et politique.

Ce n'est un secret pour personne que les colons français eux-mêmes s'en tirent difficilement avec les arabes de la campagne; qu'elle serait alors la situation des Israélites tunisiens, eux qui ne sont pas assez respectés des Musulmans leurs voisins, eux qui sont soumis aux Tribunaux indigènes pour les différends qu'ils pourraient avoir avec ces mêmes musulmans ?

Tous ces jeunes gens avide de leur énergie rêvant de posséder une terre à rendre féconde par le travail, ont compris que leurs efforts sont paralysés, tant que subsiste l'état actuel; obligés de vivre dans la campagne éloignés les uns des autres, ils savent que seule la qualité de français les fera respecter des arabes et leur donnera la sécurité nécessaire.

CHAPITRE XIV

Tous savent à merveille que la carrière militaire est aussi fermée irrémédiablement aux Israélites Tunisiens. Cependant, ils ne se sont pas découragés, et c'est avec ardeur qu'ils étudient et s'instruisent.

Les Israélites se plaisent à reconnaître que c'est à l'Alliance Israélite que revient l'honneur d'avoir déblayé le terrain des préjugés enracinés depuis des siècles, et préparé leur jeunesse à la vie moderne. Pénétrée de la nécessité de l'émancipation intellectuelle de cette population, elle avait fondé trois années avant l'occupation des écoles ou l'enseignement a toujours été purement laïque et français. Devancée par les écoles italiennes, elle a pu avant l'occupation gagner à l'enseignement français toute la jeunesse Israélite alors que l'opinion dominante était que l'Italie allait occuper la Régence. Aujourd'hui, malgré que le rôle de l'Alliance est pour ainsi dire terminé, elle continue sur les instances du Gouvernement, à faire des sacrifices pour le seconder et donner ainsi encore une instruction à 4.000 élèves. Cette génération ayant reçu une instruction suffisante, dégagée de tous les préjugés, a toujours été l'avant garde de ses cadets qui sont venus après elle, et ont suivi le sentier tracé par elle.

Les Israélites ont vu avec allégresse l'occupation de la Tunisie par la France qui les a délivrés du joug des arabes et les a rendus à la liberté. Ils voyaient avec joie l'horizon souriant devant eux.

Les pères religieux, malgré qu'ils savaient que l'enseignement allait détruire les convictions religieuses de leurs fils, se sont montrés avides à les instruire. Dès qu'une bibliothèque est ouverte, dès que des cours sont créés, on voit ces derniers accourir en foule ; aussi leur conquête morale a-t-elle été facile et leur attachement à la nation protectrice évident et sincère. Il convient de remarquer que la race Israélite est prédisposée généralement à l'assimilation. C'est avec une aprêtée et une rapidité incroyable que les Israélites tunisiens ont accouru au devant de la civilisation française. D'ailleurs il ne pouvait en être autrement, leur intelligence, leur esprit ouvert au progrès, les y poussaient.

L'amour qu'ont les Israélites de tous les pays pour la France est légitime et incontestable, et celui des Israélites tunisiens est encore particulièrement profond et vivace ; ceux-ci manifestent à chaque occasion, soit dans les souscriptions patriotiques, soit dans les fêtes nationales, leur attachement à la France.

Leur enthousiasme, leur joie au moment de l'arrivée de M. Loubet en Tunisie a même excité la haine des Musulmans contre-eux.

Dans toutes les circonstances, ils sont restés avec loyauté et constance fidèles à la cause française ; ils sont surtout inspirés par les sentiments de reconnaissance à cette nation qui les a délivrés d'une tyrannie oppressive au delà de toute expression.

Ces sentiments se développent et se fortifient de plus en plus.

Rien dans leurs mœurs, ne les distingue des Français d'une manière irréductible ; le temps a été pour eux un auxiliaire actif à leur assimilation à la civilisation française. Le plus funeste effet de la servitude qui dégrade l'esprit et l'accoutume à toutes les bassesses à une soumission passive, a disparu. Le sentiment de l'indépendance et de la liberté s'est réveillé brusquement chez eux.

C'est avec rapidité qu'ils adoptent la mentalité française ; le maitre ne reconnait plus la religion de ses élèves que par leur nom : Ils ont aujourd'hui atteint par l'éducation, l'instruction et les sentiments qui naissent des contacts avec des Français, le niveau moral de l'élite de la société européenne qui les entoure, c'est leur état juridique seul qui les différencie des Français.

L'enthousiasme de la jeunesse pour l'instruction laïque, son amour des sciences positives, a bouleversé tout ce qu'une religion et des traditions ont répandu pendant des siècles parmi les Israélites tunisiens ; rien n'a résisté à ce courant des idées modernes ; les sentiments religieux même de la vieille génération ont reçu une secousse très marquée.

Tous ceux qui connaissent l'Algérie et la Tunisie se plaisent à reconnaitre, sans que cela puisse froisser les coreligionnaires algériens, que les Israélites tunisiens ont fait dans 20 années un progrès au moins égal à celui obtenu en Algérie en 70 ans. La France a le droit de s'en orgueillir et de s'en féliciter ; il dépend de sa sagesse de continuer une œuvre si heureusement commencée et dont elle peut tirer grand avantage ; une règle sage et pratique veut qu'il faut recueillir le fruit mûr.

CHAPITRE XV

L'évolution de cette population a été orientée selon le degré d'instruction et de sentiments religieux de la majeure partie de cette Colonie.

Les premiers sentiments éveillés chez la jeunesse se rapportaient à la bienfaisance. Aussi, diverses sociétés dont le but est louable ont été créées. Après, vinrent les sentiments de la mutualité en matière de bienfaisance. La jeunesse Israélite a voulu imiter les Français dont les sociétés ont généralement un caractère purement français ou confessionnel, et fermées parconséquent aux Israélites Tunisiens.

Le Gouvernement du Protectorat, en patronnant ces sociétés, a ainsi encouragé tout ce qui est fait pour maintenir et élargir le fossé qui divise les habitants de la Régence. C'est lui qui a créé aux frais des contribuables l'Hôpital Civil et l'Hôpital Saliki où les Israélites tunisiens ne sont guère admis. C'est ce qui a amené les Israélites à faire un hôpital à leur frais sans aucune subvention de la part du Gouvernement.

Mais un grand changement s'est fait depuis dans les idées de cette génération, qui, imbue des idées modernes, se montre de plus en plus indifférente à toutes les œuvres exclusivement israélites.

Elle est enthousiasmée des œuvres sociales ne revélant aucun caractère de race ou de religion. Toutes ces distinctions déplaisent à ces jeunes gens d'un esprit clairvoyant et qui sont dévoués à tout ce qui concerne l'intérêt général. Leur instinct pousse leur activité et leur énergie à se mêler à la vie sociale, en général, de cette nouvelle France Africaine. Mais leurs efforts sont paralysés, leurs aspirations étouffées en raison de leur qualité d'Israélites Tunisiens.

Ils trouvent les principes et les idées que leur a inculqués l'école laïque, en opposition avec le régime actuel. A l'école leurs sentiments deviennent français, et c'est pourquoi il serait logique de les soumettre aux lois françaises. Sortis de l'école, ils se trouvent régis par des lois qu'ils réprouvent et un statut personnel qu'ils condamnent.

A l'école leur maitre leur apprend à aimer la patrie, et

leurs devoirs et droits de citoyens. Quelles désillusions pour eux, lorsque, entrant dans la vie ils voient leurs rêves évanouis. La voie du progrès social leur étant fermée, ils doivent s'éloigner de leurs anciens camarades de classe, n'ayant ni les mêmes aspirations, ni les mêmes intérêts, ni le même but. Ils constatent avec amertume que l'Egalité, la Liberté et les Droits de l'homme que leur maître a tant vanté n'existent pas pour eux; ils se trouvent étrangers à toutes ces charges et avantages ; ils constatent que malgré leur attachement sincère à la France ils ne peuvent guère devenir ses enfants adoptifs. Quelles déceptions douloureuses et humilantes de se trouver ainsi sans patrie, et désignés simplement sous l'étiquette de la religion de leurs pères ! Cependant, il est un principe d'un droit international reconnu par tous les législateurs que nul ne peut avoir deux patries et que nul ne peut ne pas en avoir. Les Israélites tunisiens ne sont ni Français, ni Etrangers, ni Tunisien puis qu'ils ne jouissent en réalité d'aucun des droits que possèdent ces divers citoyens.

A la Municipalité de Tunis, sur 40 conseillers nommés par le gouvernement, un seul est Israélite tunisien, alors qu'ils constituent environ le tiers de la population.

Des jeunes avocats Israélites tunisiens voudraient bien faire leur stage en France, afin que leur esprit soit plus francisé. Mais, considérés comme étrangers, ils ne peuvent le faire, et considérés comme tunisiens ils ne peuvent se naturaliser, alors que les étrangers y arrivent par la naturalisation.

Les Administrations les acceptent rarement comme fonctionnaires au titre d'indigènes, alors qu'un grand nombre de places est réservé aux Musulmans. Les étrangers naturalisés y sont admis au titre de Français.

Les Israélites ne peuvent pas être ni magistrats indigènes, ni auxiliaires de cette juridiction, parce qu'ils n'appartiennent pas à l'Islam.

Ils ne bénéficient d'aucune bourse scolaire, alors que

les naturalisés en bénéficient sur le budget tunisien, que les Musulmans en reçoivent de l'Administration des Habous, et les Italiens de leur gouvernement

Alors qu'ils ont des intérêts considérables, ils ne sont représentés dans aucun corps élu. Les Italiens et les Anglais, outre leurs consuls, ont des corps pour défendre leurs intérêts auprès des pouvoirs publics.

Les Israélites ne voudraient pas créer pareilles institutions pour ne pas élargir encore le fossé qui les sépare du reste de la population et des Français principalement.

Aux réceptions du premier jour de l'an et du 14 juillet ils sont reçus toujours tout à fait les derniers après tous les corps, toutes les sociétés, toutes les autres populations de la Régence.

Un Israélite tunisien ne peut épouser une française sans la convertir préalablement au judaïsme. La seule forme de mariage admise ~~par exception~~, est la forme religieuse. Le mariage civil leur est interdit par une circulaire de Monsieur Revoil. C'est un attentat flagrant à la liberté de conscience au XX· siècle !

CHAPITRE XVI

La loi du 28 février 1899 vint encore aggraver la situation des Israélites tunisiens.

Voici les principaux articles de ladite loi :

Article premier. — Peuvent être naturalisés après 21 ans accomplis :

1° Les étrangers qui justifient de 3 ans de résidence soit en Tunisie, soit en France ou en Algérie et en dernier lieu en Tunisie ;

2° Les sujets tunisiens qui pendant 3 ans ont servi dans les armées françaises de terre ou de mer, ou qui ont rempli des fonctions ou emplois civils rétribués par le Trésor Fraançais.

Art. 2. — Le délai de 3 ans de résidence est réduit à une seule année :

1° En faveur des étrangers qui ont rendu à la France de services exceptionnels ;

2° En faveur des étrangers qui ont épousé une française.

Art. 3. — Peuvent également être naturalisés les sujets tunisiens qui sans avoir servi dans les armées françaises de terre ou de mer, ni rempli des fonctions ou emplois civils rétribués par le Trésor Français, ont rendu à la France des services exceptionnels ».

Les Arabes étant en général astreints à deux ans de service militaire dans les tirailleurs ou dans l'armée Beylicale qui est assimilée aux armées françaises, auront droit à la naturalisation, en contractant un engagement pour une autre année, dans la même armée où ils ont servi. Quant aux Israélites tunisiens, n'étant admis ni dans les tirailleurs ni dans l'armée tunisienne, ils ne pourront obtenir la naturalisation qu'en s'engageant dans la légion étrangère pour 5 années au minimum.

Alors que l'Italien a, à tout âge, le droit à la naturalisation après 3 années de résidence ou une année après son mariage avec une française, l'Israélite tunisien, qui remplirait les dites conditions n'aurait aucun droit à la naturalisation.

Le Législateur a voulu n'accorder en France la naturalisation qu'à ceux dont les sentiments sont sincèrement français, et c'est pour cela qu'il exige 10 ans de résidence ou 3 ans d'élection de domicile autorisé. Mais à l'égard des Israélites tunisiens, il a été injuste, puisque, malgré leur amour et leur attachement à la France, il ne leur est pas permis ici de se naturaliser dans les règles du droit commun dont bénéficient les Étrangers.

On ne pourrait pas soutenir que le gouvernement français n'a pas voulu par la naturalisation des Israélites tuni-

siens, enlever des sujets au Bey ; la loi du 28 février 1899
ouvre cette voie de la naturalisation à ses véritables sujets
les Musulmans.

En réalité. on a arraché cette loi à des législateurs qui
n'en avaient pas compris ni la portée ni son injustice flagrante. Car elle exclut systé natiquement les Israélites
tunisiens du bénéfice de la naturalisation et les a frappés
ainsi d'une incapacité très grave uniquement à cause de
leur qualité d'Israélites.

Les Pouvoirs publics ont été encore plus exigeants que
la loi. Chaque fois qu'un Israélite a sollicité la naturalisation française, ils lui ont accumulé des obstacles sur sa
route sous des prétextes diverses et notamment pour la
production des pièces exigées par la loi du 28 février 1899.
Il faut une dose de patience extraordinaire au postulant
pour se résigner à lutter contre la défaveur avec laquelle
on accueille sa demande, et contre les lenteurs d'une en -
quête où l'impartialité fait totalement défaut.

Aucun Israélite n'a été naturalisé jusqu'ici. Tous ceux
qui ont sollicité la naturalisation ont été lassés et fatigués,
et ils ont pu constater que la flagrante injustice commise à
leur égard provient généralement de leur souche juive,
Qu'il suffise de citer quelques cas connus :

Un jeune Israélite italien docteur en droit avocat au barreau de Tunis, qui a fait, tant à Tunis qu'à Paris, toutes
ses études dans les écoles et universités françaises, a vu
sa demande rejetée, alors que son confrère catholique dans
les mêmes conditions, sans la moindre difficulté, a obtenu
sa naturalisation. Bien plus il a été nommé, un mois à
peine après sa naturalisation, juge de paix suppléant. On
es loin de critiquer cette naturalisation ni cette nommina-
tio bien méritées d'ailleurs, mais c'est pour signaler l'iné-
galité des plateaux de la balance du gouvernement.

In autre israélite, protégé français et fournisseur mili-
taib depuis plusieurs années, a vu sa demande de natura-
tio rejetée malgré qu'elle était appuyée d'un certificat du

représentant du Ministre de la guerre en Tunisie, attestant qu'il a rendu des services exceptionnels à la France dans plusieurs circonstances.

Aussi un Israélite Tunisien docteur en médecine qui a fait toutes ses études à Paris a vu sa demande formellement écartée malgré son mariage avec une Française dont il a eu des enfants.

La demande d'un autre israélite tunisien a eu le même sort, bien qu'il ait été faite après 5 années de domicile autorisé à Paris.

Enfin pour terminer, une famille israélite tunisien, habitant Marseille depuis 25 ans, n'a pu avoir sa naturalisation qu'après avoir renoncé à certaines créances qu'elle avait sur le Gouvernement Tunisien.

Le comble c'est que tous les étudiants israélites tunisiens en France ont vu leur demande d'élection de domicile repoussée pour leur enlever la possibilité de la naturalisation.

CHAPITRE XVII

Les Israélites tunisiens ont aujourd'hui une conception exacte de leurs droits naturels et de la situation où ils se trouvent par suite des lois injustes à leur égard. Il est avéré qu'ils sont outragés de constater les injustices innombrables commises à leur préjudice. Cette absence d'égalité les choque au delà de toute expression.

Il est du devoir du Gouvernement afin d'éviter des froissements légitimes, de ne pas prolonger davantage cete situation. Il est impolitique d'isoler cette importante fraction de la population de la Régence, très fidèle à la Fance. L'heure a sonné où il est temps de suivre à son égar une politique cadrant bien avec les principes républicains.

La situation des Israélites Tunisiens dans ce pays est injuste, il importe à la renommé de la France de la modifier de manière à leur permettre de développer leur activité individuelle ce qui n'est possible que par un changement radical d'un régime qui les dégrade. Pour la prospérité du pays il faut une union étroite de tous les habitants capables de contribuer efficacement au développement de la vie sociale.

L'union ne sera parfaite que si l'esprit qui anime ses gens, le but qu'ils poursuivent, ne soit celui de tous les Français : la grandeur de la mère patrie et la prospérité de la Régence. Il faut que chacun prenne une part plus active de responsabilité morale dans la direction des affaires du pays et que l'intérêt général soit le sien.

Si les Israélites n'ont rien réclamé jusqu'ici, la faute en est aux circonstances. Pendant la période de crise morale qui a servi en France pendant l'affaire Dreyffus, alors qu'un vent de haine religieuse soufflait sur l'Algérie, les Israélites tunisiens ont dû se résigner et laisser passer l'orage ; ils attendaient des jours meilleurs pour présenter leurs revendications. Et d'ailleurs, comment pouvaient ils espérer quelque chose, tant qu'à la tête du Protectorat, se trouvait le créateur des Tribunaux régionaux, et rabbiniques, et des lois draconiennes ? Au moment qu'ils n'avaient pas le plus rudimentaire des droits, le droit de justice, pouvaient ils réclamer l'égalité civique ?

L'arrivée de Monsieur le Résident Pichon a ravivé leurs espérances ; et ils constatent aujourd'hui avec joie les bonnes dispositions du gouvernement et du public français à leur égard. C'est pourquoi ils demandent à devenir justiciables des Tribunaux français et une modification de la loi sur la naturalisation. Ils n'ont, en somme, que des aspirations très légitimes et louables, celles de préférer la juridiction française, et de s'élever à la dignité de citoyens français

La France n'est pas venue ici seulement pour pacifier le

pays, favoriser le commerce et l'industrie nationale, et servir les intérêts de quelques-uns. Elle a eu pour mission d'y faire prévaloir et prédominer ses idées généreuses qu'elle a répendues partout, en introduisant surtout la justice et l'égalité qui sont l'essence de l'âme française. Elle s'est incombée le devoir sacré de répandre partout, et à plus forte raison dans ses colonies, ses principes, ses idées, et cela, dans un but qui tend naturellement à l'assimilation progressive de ses protégés.

La conquête militaire ne suffit pas ; seule la conquête morale implante définitivement l'influence de la France en Tunisie, et constitue une condition vitale et primordia'e pour sa prospérité. Pour cimenter cette conquête, il faut établir une communauté d'idées et d'intérêts entre les Français et ceux qui sont susceptibles de le devenir sincèrement.

L'occupation a servi à vévifier l'importante population Israélite, et à l'attirer à la France. La jeunesse Israélite tunisienne est susceptible évidemment se fusionner dans la Nation Française ; c'est pourquoi il importe de la lier à la France et à ses destinées par des liens durables et indissolubles, par la naturalisation et faire ainsi bénéficier la Société où ces gens seront admis de leur instruction de leur éducation, de leur activité et de leur connaissance du pays. Il serait impolitique de les laisser, par une indifférence révoltante, se décourager, au lieu de les attirer vers la France. Cette fusion n'aura que de très bons résultats, il faut savoir recueillir ce que l'on a semé.

Les jeunes Israélites sont aptes au service militaire ; et en le faisant en France, en vertu de la nouvelle loi, à un age où l'esprit est sensible et malléable, ils apprendront à aimer encore la France, et à s'y attacher davantage. Sous l'influence persistante de la caserne, ils se franciseront complétement. De ce nouvel élément, on pourrait tirer une milice loyale capable de faire face dans ce pays, à une insurrection intérieure quelconque.

Il serait inexact d'objecter que les Israélites tunisiens ne méritent pas encore la naturalisation. Le musulman qui ferait 3 années de service dans l'armée beylicale ou dans les tirailleurs, ou le sicilien qui aurait résidé trois ans en Tunisie, serait-il plus à même que l'Israélite de remplir ses devoirs de Français ? D'ailleurs en octroyant la qualité de citoyens français aux Israélites, ce titre lui-même les relèverait à leurs propres yeux, leur inspirerait les sentiments qu'il impose. Ces naturalisés s'accoutumeraient facilement à leurs devoirs nouveaux.

L'on prétend que le gouvernement ne voudrait pas heurter les convictions religieuses des Israélites en faisant ainsi par la naturalisation, substituer le statut personnel français au leur. Mais cette raison disparait d'elle-même puisqu'il s'agit comme on va le voir, d'une naturalisation individuelle volontaire sollicitée par l'intéressé lui-même. L'Israélite qui sollicite la naturalisation le fait pour émanciper sa femme, abolir la polygamie, établir l'égalité entre la fille et le fils dans l'héritage de leur père. Ceux mêmes qui professent un patriotisme orthodoxe, n'ont pas de raisons pour s'opposer à la naturalisation des Israélites, puisque la loi de 1899 ouvre largement la voie aux Etrangers et aux indigènes musulmans.

D'ailleurs les barrières quasi infranchissables qui séparaient les peuples n'existent plus par suite de la facilité et la fréquence des communications et des relations. Il en résulte que d'un côté des nationaux se dénationalisent dans les pays étrangers, d'un autre côté des Etrangers se naturalisent en France.

On n'est plus aux époques primitives où l'idée de la nation revélait surtout un caractère religieux ou éthnique. Aujourd'hui l'idée primordiale de la nationalité est la communauté de sentiments. Les principes modernes de la nationalité est que les gens sont groupés d'après leur tendance, leur langue et leurs intérêts.

Pour que l'assimilation soit complète, il ne suffit pas d'apprendre la langue et les mœurs des Français ; il faut surtout avoir l'égalité devant les droits civiques, besoin impérieux qui découle des nobles principes de 1789.

Le droit naturel qui découle des idées de la Révolution, est qui'il est juste et équitable d'octroyer la qualité de citoyen frnnçais à ceux qui remplissent les conditions morales et intellectuelles voulues, et qui ont manifesté un attachément sincère à la France ; car la nation est une grande famille spirituelle où celui qui veut vivre de ses lois, subir les charges en partageant les bénéfices, peut y entrer en contribuant par tous les moyens au développement de l'intérêt général.

On est à une époque où les Israélites tunisiens sont devenus conscients de leurs droits et leurs devoïrs de prendre une part active à la gestion des affaires du pays où ils sont nés, où ils ont des intérêts respectables. Il est temps pour eux, chez qni le sentiment de reconnaissance et de l'honneur est vivace d'aspirer à partager sans rest:iction la destinée de la nation protectrice. Ce sont des légitimes et nobles aspirations vers l'égalité et la liberté, à être élevés à la dignité de citoyen Français, objet de leur rêve !

Ce sont les mêmes mouvements pacifiques, en vue de revendiquer avec liéreté des qualités qu'ils jugent mériter ; mouvements semblables à ceux remarqués en France en 1789 et en Algérie après la conquête. Il est bon que leur enthousiasme soit couronné de succès. Ce serait un acte d'affranchissement analogue à celui du 27 septembre 1791, et ce serait rendre à la France sa destinée traditionnelle.

Ernest Renan a dit : « Quant l'Assemblée Nationale de 1791 décreta l'émancipation des Israélites, elle estima que les hommes doivent être jugés non par leur origine, ni par le sang qui coule dans leurs veines, mais par leur valeur morale et intellectuelle, et par leur volonté ».

En 1791 et en 1870, on s'était inspiré des idées philosiques et des principes élevés. Mais aujourd'hui on est opposé à une mesure collective, quoique sollicitée.

On ne veut pas non plus de la loi de 1889 qui rend Français automatiquement les jeunes étrangers d'Algérie, parfois même contre leur gré. Conséquemment, ce que les Israélites tunisiens demandent, c'est une loi réfléchie, inspirée aussi par l'intérêt général de la France et de la Colonie, accordant la naturalisation à celui qui la sollicite volontairement ; et on aura ainsi des vrais Français d'adoption, et non des étrangers naturalisés légalement malgré eux ! C'est-à-dire une loi qui les fera bénéficier des mêmes droits et facilités accordés aux Etrangers par le décret du 28 février 1899. C'est au nom des principes républicains que les Israélites réclament l'égalité. Ce serait contredire ces principes que de les soumettre en dehors du droit commun.

CHAPITRE XVIII

Pétition adressée au Sénat et à la Chambre :

A Messieurs les Députés de la nation Française.

En ma qualité d'Israélite tunisien, j'ai l'honneur de signaler à votre haute attention, une situation digne d'intérêt.

Les Israélites tunisiens se trouvent dans la Régence dans une situation fort injuste. Ils ne jouissent d'aucune protection légale.

Ils sont tour à tour considérés comme des Etrangers ou comme des Tunisiens ; de cette façon, ils ne jouissent d'aucun des avantages de ces catégories d'habitants, tout en assumant leurs charges.

Ainsi ils sont considérés comme Etrangers lorsqu'il s'agit pour eux d'être fonctionnaires à titre d'indigènes,

Ils ne font pas partie de l'armée Tunisienne, ni de la magistrature Indigène.

Mais d'autre part, ils sont considérés comme des Tunisiens lorsqu'ils se réclament de la juridiction Française, ou bien lorsqu'ils demandent leur naturalisation à titre d'Etrangers conformément à la loi du 28 février 1899.

C'est cette situation intolérable que nous demandons au Parlement de faire cesser, en introduisant dans la législation, une réforme qui nous soumettra au droit commun, sur le même pied que les Etrangers.

Nous supplions le Parlement en même temps de nous soumettre à la juridiction des Tribunaux Français, qui, seule, peut nous donner une justice impartiale.

Les traités de 1881, 1883 et 1896 permettent à la France d'agir ainsi dans l'intérêt de l'humanité et de la justice.

La réalisation de nos vœux ne pourra, en outre, qu'accroître l'influence française en Tunisie.

Je serais très heureux d'être entendu par une Commission qui serait saisie de cette pétition.

MARDOCHÉ **SMAJA.**

TABLE DES MATIÈRES